Dennis Hans Ladener

Dystopie&Utopie

Schlimmer geht's immer,
besser wird's nie!

Freidenker

1. Auflage
© 2020 Dennis Hans Ladener
(dladener@googlemail.com)

Alle Rechte vorbehalten, insbesondere das Recht auf Vervielfältigung und Verbreitung sowie Übersetzung. Kein Teil dieses Buches darf in irgendeiner Form ohne schriftliche Genehmigung des Autors reproduziert oder unter Verwendung elektronischer Systeme verarbeitet, vervielfältigt bzw. verbreitet werden.

Herstellung und Verlag: BoD – Books on Demand, Norderstedt.

ISBN: 9783752692495

Dennis Hans Ladener

geboren am 11.05.1990 in Köln, ist ein deutscher **Philosoph und** 

Schriftsteller, welcher bereits im jungen Alter von nur **29** Jahren geschafft hat **zehn** **„philosophische Sachbücher"** in Eigenregie auf den Markt zu bringen.

- **Reset: Der Anfang einer Neuen Welt**
- **Die 4 Säulen des Scheiterns**
- **SklavenLEBEN**
- **Das Handbuch der Welt**
- **Die Datenwelt Theorie**
- **Die Datenwelt Theorie 2.0**

- *Arthur Schopenhauer: Eine "kleine" Einführung*
- *Eine kurze Zusammenfassung des Ganzen*
- *Die höhere Erkenntnis: Ein Weg zum besseren Verständnis der Welt*
- *Eine kurze Zusammenfassung des Ganzen & Die höhere Erkenntnis: 2in1 Sonderedition*

Schwerpunkt seiner Arbeiten, sowie seines Denkens beruhen hierbei im Kern auf der Philosophie des brillanten deutschen Philosophen **Arthur Schopenhauer** *(* 22. Februar 1788 in Danzig; † 21. September 1860 Frankfurt am Main).*

Da dessen Hauptwerk **„Die Welt als Wille und Vorstellung"** stets die größte Quelle der Inspiration für ihn selbst bereithielt.

„Ich war wohl schon immer ein klein wenig sonderbar und verbrachte bereits in meiner Kindheit viel Zeit damit über die Welt nachzudenken. Fantasie, Vorstellungskraft, sowie eine stark ausgeprägte natürliche Neugierde waren hierbei stets meine treuesten Begleiter.“

„Das Geheimnis dahinter, warum ich so geworden bin wie ich bin, liegt wohl darin verborgen, dass ich es stets vermieden habe ein „Erwachsener“ zu werden!“

2011 beendete er erfolgreich seine Ausbildung zur **„Fachkraft für Schutz und Sicherheit“.** Von nun an konnte er sich voll und ganz auf sein

„persönliches Studium" der
Philosophie konzentrieren.

*„Mit 21 Jahren verliebte ich mich
endgültig in die Philosophie und
schließlich auch in die Gedankenwelt
Arthur Schopenhauers."*

*„Es war ein langer, einsamer, sowie
steiniger Weg. Doch bereut habe ich es
nie ihn gegangen zu sein!"*

***Der Antrieb
unseres Autors liegt darin, komplexe und
nur schwer zu verstehende
„philosophische", „gesellschaftskritische"
sowie „naturwissenschaftliche" Themen
so simpel und anschaulich wie möglich
der breiten Bevölkerung zugänglich zu
machen.**

**Kein leichtes Unterfangen.
Doch eines, welches sich definitiv zu
versuchen lohnt!**

Inhaltsverzeichnis

Abschnitt Eins

Dystopie
Schlimmer geht's immer!

„Erleben Sie aus der Sicht von Ernst Joachim Nolt, einem angehenden Historiker und Geschichtsstudenten aus dem Jahr "2099", eine scharfsinnige Analyse über die düstere, und zum Glück bereits hinter uns gelassene, sogenannte "alte" Zeit des Schreckens, welche ab Ende des Jahres 2020 die Gesellschaft jener damaligen Zeit immer unaufhaltsamer und fester in ihren Bann sog."

Sehr geehrter Herr Ernst Joachim Nolt,
wir freuen uns sehr darüber Sie bei Ihrer
Abschlussprüfung im Zweig der "alten"
Geschichte willkommen zu heißen.

Wie uns von Ihnen bekannt ist, streben
Sie nach erfolgreichem Bestehen, eine
Laufbahn im Bereich der geschichtlichen
Historik an.

Bitte bedenken Sie, dass diese nun
folgende Abschlussarbeit der Oberstufe
einen Hauptteil Ihrer
Gesamtqualifikation ausmachen wird!

Bleiben Sie ruhig und gelassen, nutzen
Sie die Ihnen zu Verfügung stehende Zeit
vollkommen aus und geben Sie wie
immer Ihr bestes.

Wir wünschen Ihnen viel Erfolg!

Valerina Windford   Cologne 05.11.2099
***Stellvertretene Schulleitung**

Aufgabenstellung:

Herr Nolt, erstellen Sie uns bitte eine umfangreiche, subjektive, kritische Analyse der sogenannten "alten" Zeit ab Ende des Jahres "2020"

Erläutern Sie aus Ihrer Sicht, weshalb diese Epoche, welche auch als "Die düstere Zeit des Schreckens" bekannt ist **(28. Juli 2020 - 11. Nov. 2060),** solch einen negativen Eindruck in unsere heutigen Geschichtsbücher hinterlassen hat.

Gehen Sie zudem ausführlich darauf ein wie es den Herrschenden jener Zeit so effektiv möglich war Milliarden von Menschen kontrollierbar und gefügig zu halten.

Versuchen Sie hierbei die ausweglose Situation der damaligen Zeit so greifbar und detailliert wie möglich wiederzugeben.

Bitte bedenken Sie, dass Sie zum erfolgreichen Bestehen Ihrer Abschlussprüfung mindestens eine Anzahl von 3.500 Wörtern in Ihrem Aufsatz genutzt haben müssen!

Ernst Joachim Nolt   Cologne 05.11.2099

Meine Abschlussarbeit

Thema: *Eine kritische Analyse der "alten" Zeit ab Ende des Jahres "2020"*

Es muss ein schier unglaublich jämmerlicher, sowie entwürdigender Zustand gewesen sein, in welchem sich die damalige, ach so "moderne" menschliche Gesellschaft, ab Ende des Jahres 2020 befunden hat.

Milliarden von Brüdern und Schwestern unserer eigenen Art hinterrücks verraten durch wenige wahnsinnig gewordene Ihresgleichen!

Und für was das alles...?

Für simple und heutzutage ausgestorbene primitive Sehnsüchte wie Macht, Kontrolle und materiellem Reichtum!

Die herrschende Elite der damaligen Zeit verstand sich ausgesprochen gut darin dem Hauptteil ihrer bemitleidenswerten Mitmenschen systematisch und verdammt effektiv zugleich, einfach alles, zu rauben **(Freiheit, Lebenszeit, Geld, Selbstbestimmung).**

Sie haben es tatsächlich geschafft Milliarden von Menschen geschickt, aber oftmals plump zugleich, Mithilfe der unterschiedlichsten Arten von Medien **(Fernseher, Radio, Zeitungen, / Internet)** und unzähligen psychologischen Taschenspielertricks, bewusst zu manipulieren, sowie aufzuspalten, um sie schließlich allesamt gemeinsam zu unterjochen.

Das Problem der damaligen herrschenden Form oder vielmehr freien "Interpretation" der staatlichen Demokratie, zum Beispiel innerhalb der früheren Bundesrepublik Deutschlands, ist für uns heutzutage rückblickend betrachtet jedoch recht simpel zu durchschauen und somit auch einfach zu analysieren.

Für die damalige Zeit jedoch schien dieses "durchschauen" des herrschenden Parasitären Systems ein schier unlösbares Unterfangen gewesen zu sein.

Das Problem an der Demokratie als Staatsform liegt darin verborgen, das sie sich als solches stets nur so gut entfalten kann, wie sich zugleich auch jedes einzelne Mitglied innerhalb des Volkes parallel selbst entfalten kann und darf!

Für eine bewusst dumm gehaltene, sowie desinformierte Bevölkerung, derer es an Zusammenhalt, sowie Selbstvertrauen mangelt, nimmt das "demokratische" Schicksal jedoch meist keinen guten Verlauf wie die Geschichte uns lehrt.

Daran konnte auch die "Demokratie" selbst noch nie etwas verändern!

Und genau deshalb wurden die Menschen der damaligen "alten" Zeit auch stets mit vollem Kalkül und perverser verächtlichen Systematik so dumm und geistig simpel wie möglich gehalten, in unterschiedliche Gruppierungen aufgespalten, sowie mit oftmals stumpfsinniger Arbeit und noch stumpfsinnigerem Konsum jeglicher Art, sowie dutzender Verpflichtungen, ununterbrochen davon abgelenkt über ihre eigene, eventuell ja doch bedeutungsvolle Rolle innerhalb unseres Kosmos nachzudenken.

Allein schon das damalig herrschende Schulsystem diente, im Vergleich zu unserer heutigen Zeit, einzig und allein dazu, um die noch jungen Köpfe der einzelnen Kinder nach Belieben so zu gestalten, das aus ihnen später einst leicht kontrollierbare Neuzeit-Sklaven werden würden.

Anstelle des Erwerbes von tatsächlichem Wissen gesellschaftlichen Wertes, erhielten die Kinder, früher verteilt, über einen recht langen und intensiven Zeitraum hinweg, eine unglaubliche Flut an bis zum hohen Maße vollkommen unnützem toten Wissen eingebläut.

Unzählige stumpfsinnige Themen mussten in verhältnismäßig recht kurzer Zeit, ohne Sinn und Verstand, schnellstmöglich auswendig gelernt werden, nur um sie dann im Anschluss, während einer sogenannten schriftlichen "Prüfung", gleich wieder auf Kommando zu erbrechen und zu vergessen!

Eine fatale, sowie schwerwiegende Art der Wissens-Bulimie mit fürchterlichen Folgen!

Anstatt die persönliche individuelle Entwicklung des Kindes als eigenständiges Individuum mit jeweiligen spezifischen Stärken und Schwächen zu gewährleisten und zu fördern, ging es in der damaligen "alten" Zeit einzig und allein darum, eine möglichst vollkommene Gleichschaltung der kindlichen Gehirne zu erschaffen.

Diese noch jungen Menschen wurden so lange mit Stumpfsinn beschäftigt gehalten, bis sie schließlich alt und indoktriniert genug waren, um sie in ein "Erwachsenen" Dasein zu entlassen, welches zum größten aller Teile aus sklavischer Schufterei für den persönlichen Reichtum einzelner weniger Menschen bestand.

Wie hoch hierbei die eigenen Chancen bestanden innerhalb dieser alten gesellschaftlichen **"Pyramidenhierarchie"** empor zu steigen, lag mit zu einem Großteil daran, wie gut man als Kind und junger Heranwachsender dazu imstande War, dieses vollkommen veraltete und durch primitive Notenvergabe bewertende angebliche "Bildungs"sytem" mit "Bravur" hinter sich zu lassen, ohne sich während dieses "schulischen" Zeitraumes in eine vollkommen verunmenschlichte, degenerierte "Maschine" zu verwandeln, welche lediglich nur noch vorgibt ein "Mensch" zu sein.

Leider geschah jedoch genau eben dies bei dem Großteil der Bevölkerung!

Die Erwachsenen jener Zeit waren gefangen in einem verhängnisvollen Dauerkreislauf aus ständiger Arbeit, ständigem Konsum und konstant

voranschreitender
Bequemlichkeitsverblödung.

Anders als heutzutage nahm die Arbeit zu
früheren Zeiten nämlich noch einen
maßgeblich höheren Stellenwert im
Tagesablauf eines menschlichen
Erdenbürgers ein.

Nicht selten wurde es als völlig normal
empfunden für die unterschiedlichsten
Gehaltslöhne **(ja damals wurde tatsächlich
noch mit einem Währungssystem
gearbeitet $.¢.€.¥.£)** 8-12 Stunden
täglich, 6 Tage die Woche, teilweise die
schwersten, geistig oder körperlich enorm
belastenden Tätigkeiten auszuführen.

Eine heutzutage wirklich kaum mehr
vorstellbare fürchterliche Vorstellung....!

Doch trotz all dieses ermüdenden Fleißes befand sich der Grad der damalig herrschenden Armut jedoch gleichzeitig auf ihrem Höchststand!

Ein großer Anteil des eigens verdienten Geldes wurde nämlich zunächst unmittelbar, aufgrund einer sogenannten steuerlichen Abgabepflicht, durch die Regierenden schlagartig immer wieder aufs Neue eingezogen.

Von dem übrigen Anteil, der einem gelassen wurde, musste man dann schließlich zunächst einmal die eigene Grundversorgung, wie **Unterkunft, Verpflegung, usw...,** selbstständig gewährleisten.

Verpflegung, welche ihrerseits selbst ebenfalls wieder mit einer eigenen Steuer versehen wurde!

Das muss man sich doch tatsächlich erst einmal lebhaft vorstellen...

...Unsere Vorfahren mussten also somit nicht nur einen bereits gewaltigen Anteil ihres eigens erarbeiteten Verdienstes ungefragt schlagartig wieder abgeben, sondern sie mussten gleichzeitig auch noch von dem bisschen, was man ihnen schließlich im Anschluss übrig ließ, die grundlegendste Grundversorgung in ihrem jeweiligen Leben selbstständig gewährleisten!

Wirklich kaum vorstellbar, dass dieser skurrile unverständliche Umstand tatsächlich so lange von so unglaublich vielen Menschen bereitwillig geduldet wurde.

Die "alte" Zeit war nicht vielmehr als ein mentales Gefängnis unzähliger Geister, welche durch dauerhaften Konsum angetrieben und durch den beständig anhaltenden Trott des langen Arbeitsalltages, konstant beschäftigt gehalten wurden.

In früheren Zeiten bestand der Antrieb des Daseins hauptsächlich darin so viel Geld wie irgend möglich zu verdienen, nur um sich dann mit diesem erarbeiteten Geld schließlich ein Leben zu finanzieren, welches wiederum selbst nur daraus bestand, so viel Geld wie möglich wieder auszugeben oder anzuhäufen.
Wirklich kurios...!

Der Großteil der Gesellschaft früherer Zeit glich wahrhaftig einer blinden, sowie leicht regulierbaren und auf dauerhaftem, sinnfreiem, stumpfsinnigem Konsum abgerichteten, gigantischen Schafherde.

Die Menschen jener Zeit lebten größtenteils vollkommen isoliert und völlig abgekapselt voneinander, der Wahn des menschlichen Egoismus, welcher damalig in der Welt herrschte, war allgegenwärtig.

Oftmals war es den Menschen in ihrem Leben nur wichtig mehr oder bessere Dinge (meist alles lieblose, tote, materielle Gegenstände) zu besitzen als ihre Mitmenschen besaßen.

Es ging hierbei zum Beispiel um die Größe des persönlichen Wohnraumes, ob jemand eigenes "Eigentum" besaß oder "lediglich" in einem sogenannten "Mietverhältnis" lebte.

Es ging darum, wer das teuerste Automobil fuhr, es ging darum, wer den teuersten Schmuck besaß oder wer die teuerste Markenkleidung am Leibe trug oder die teuersten und exotischsten Köstlichkeiten aß bzw. trank.

Es ging darum, wer am Schönsten war, wer den hübschesten Lebensgefährten an seiner Seite hatte, wie oft man es sich im Jahr leisten konnte in den Urlaub zu fliegen oder vereinfacht gesagt, **es ging**

darum, wer das perfekteste bzw. aufregendste Leben von allen besaß!

Ganz anders als heutzutage gab es früher noch die unterschiedlichsten Arten von sogenannten **"Marken",** alle mit einem eigenen Namen und Logo versehen, welche dazu dienten, all die gegen Geld eintauschbaren Güter in ihre unterschiedlichsten Preisspannen aufzuteilen.

So gab es nämlich von allem, was man theoretisch gegen Geld erwerben konnte, im Grunde genommen in fast allen Fällen nämlich nicht nur eine einzige Version, sondern unsagbar viele.

Manche dieser "Marken" waren dafür bekannt besonders günstig zu sein, andere wiederum dafür teuer zu sein und ganz andere waren ihrerseits dafür bekannt, nochmals deutlich um ein vielfaches teurer zu sein als alle anderen.

Es ging hierbei noch nicht einmal zwangsweise darum, das die teuersten Markenprodukte tatsächlich auch immer besser oder etwa hochwertiger waren, sondern es ging vielmehr darum, seinen Mitmenschen über diese zu präsentieren, wie weit man es doch selbst bereits im Vergleich zu ihnen im Leben geschafft hatte!

Vorgelebt wurde dieser ganze auf Materialismus ausgerichtete Wahnsinn oftmals von einer im Vergleich recht kleinen Anzahl an Menschen, derer zu Lebzeiten oder auch in seltenen Fällen noch darüber hinaus, mehrheitlich ein regionaler bzw. weltweiter Titel eines sogenannten **"Stars" bzw. "Promi"** zugesprochen wurde.

Mitmenschen, welche in der Öffentlichkeit mehr oder weniger stark bekannt waren, besondere gesellschaftliche Stellungen inne hatten, oder über einen im Vergleich zu den

meisten anderen enormen Reichtum
verfügten, standen somit automatisch im
Fokus des öffentlichen Rampenlichts.

Insbesondere aus dem Bereich der
früheren populären "Popmusik" oder aus
den Reihen durch Filme und Serien
bekannter "Schauspieler" der damaligen
Zeit, traten einige wenige Menschen
hervor, welche durch ihre spezielle Art
und Weise sich im öffentlichen
Rampenlicht darzustellen, oftmals ganze
Generationen, ob gewollt oder ungewollt,
maßgeblich mit beeinflusst haben.
Sowohl positiv als auch negativ!

Der "Fernseher" früherer Zeit diente als ein ausgesprochen machtvolles, sowie zuverlässiges, maschinelles Machtinstrument und hatte sich bereits seit den 1950er Jahren in allen Industriestaaten zum führenden Leitmedium entwickelt.

Für sehr viele Menschen war diese Maschine bereits zu diesem Zeitpunkt ein unverzichtbarer Begleiter in ihrem täglichen Alltag geworden und strukturiert oft sogar maßgeblich deren Tagesablauf.

Der Fernseher erfuhr eine unfassbar große Zuwendung durch alle Schichten und Altersgruppen und trat mit einer, zuvor nicht gekannten Wirksamkeit, an die Stelle aller anderen damaligen Institutionen **(Bücher, Zeitungen, Radio, usw...).**

In der früheren Bundesrepublik Deutschland sahen allein im Jahre 2011

die Zuschauer pro Tag bereits etwa 225
Minuten (3,75 Stunden) Fernsehen.

Hochgerechnet auf ein ganzes Jahr
entsprach dies allein schon im Jahre 2005
einer Non-Stopp-Fernsehdauer von
knapp zwei Monaten jährlich!

**„1990 begann schließlich parallel die
kommerzielle Phase des noch sehr
jungen und zunächst größtenteils
unbekannten Internets.“**

Es wird geschätzt, dass im Jahre 1993 das damalige Internet lediglich 1 % der Informationsflüsse der weltweiten Telekommunikationsnetze ausmachte, während es im Jahre 2000 dagegen bereits die Mehrheit des technischen Informationsaustausches beherrschte und es im Jahre 2007 schließlich klar dominierte. **Eine wirklich ausgesprochen rasante Ausdehnung!**

15. September. 1997 - Die Suchmaschine unter dem Namen "Google" geht online.

15. Januar. 2001 - Die freie Online-Enzyklopädie "Wikipedia" wird gegründet.

4. Februar. 2004 - Die Social Media Plattform "Facebook" geht online.

23. April. 2005 - Erstes "YouTube-Video" wird veröffentlicht.

9. Januar. 2007 - Das erste kommerzielle "Smartphone (iPhone)" wird durch Steve Jobs vorgestellt.

Die damalig schlagartig herrschende
weltweite rasante Verbreitung der
unterschiedlichsten Arten von
"Smart"phones" hat aus unserer heutigen
Sicht betrachtet, schwerwiegende
Konsequenzen mit sich gezogen.

Zur damaligen Zeit war es keine
Seltenheit, das selbst ein gerade mal 8
jähriges Mädchen oder Junge bereits von
ihren Eltern ungeschützt und ungefiltert
ein Smartphone in die Hand gedrückt
bekamen.

Der Nachwuchs war somit bereits in
einer sehr sensiblen und entscheidenden
Entwicklungsphase ihres kindlichen
Gehirnes einer permanenten, sowie
kaum kontrollierbaren, gefährlichen
Programmierung von außen ausgeliefert!

Wer sich die von sexuellen
Anspielungen und Gewalt trotzenden
Musikvideos, Filme und Serien der
damaligen Zeit einmal genauer

angeschaut hat oder sich auch nur ein wenig mit dem "Content" früherer digitaler Plattformen, wie **"YouTube"**, **"Facebook"**, **"Instagram"** **"TikTok"** und Konsorten beschäftigt, dem sollte während dieser Analyse relativ schnell und einfach klar geworden sein, warum sich die damalige "alte" Gesellschaft so rasant und drastisch in die negative Richtung entwickelt hat.

Alle wollten sie individuell sein und eine starke selbstbewusste Persönlichkeit verkörpern, doch letztendlich entstanden nur lauter Kopien von Kopien von Kopien.

**Ständig irgendwelche neuen Trends.
Ständig irgendwelche neuen Stars.
Immer mehr Druck mitzuhalten.
Immer mehr Druck Stand zu halten.**

**Sex, Geld, Macht, Status,
Anerkennung, Ruhm.**

Lauter kleiner programmierter
„Smartphone *Smombies"; gefangen in
ihrem eigenen digitalen Selbst....

***Smombie ist ein Kofferwort aus den
Begriffen „Smartphone" und „Zombie"!**

Gemeint sind damit die Menschen
damaliger Zeit, welche durch den
ständigen Blick auf ihre **"Smartphones"**
so stark abgelenkt wurden, dass sie ihre
tatsächliche Umgebung um sie selbst
herum kaum noch richtig bis gar nicht
mehr wahrgenommen haben.

Geboren im Internet.
Gestorben wegen des Internets.
Wieder auferstanden durch das
Internet.

Das gesamte Wissen der Menschheit
stand den Menschen damals bereits,
genauso wie uns heute, Mithilfe des
Medium des Internets zur freien
Verfügung, doch sie gingen mit diesem
Wissen um, als sei dieses lediglich nur
ein schlechter Witz.

Jeder Depp konnte innerhalb kürzester
Zeit bei der früheren Plattform
"Wikipedia" schnell etwas nachlesen oder
kopieren und sich danach schließlich wie
der allerklügste Mensch auf Erden
fühlen.

Während unsere Gesellschaft des Jahres
2099 nicht selten für ein Thema Wochen
oder gar mehrere Monate lang
wahrhaftige ausführliche Recherche
betreibt, schauten viele der Menschen
sich früher stattdessen lieber ein oder
zwei sogenannter **"YouTube"-Videos** an
und fühlten sich danach bereits
ausreichend gut und sachlich informiert.

Einfach unglaublich!

Selbst komplizierte Diagnosen, welche sicherlich nur von einem richtigen Facharzt diagnostiziert werden sollten, wurden damalig lieber mit der Suchmaschine Google eingeholt und heiß diskutiert.

„Der Besitz von tatsächlichem Wissen, welches heutzutage als ein sehr hohes Gut angesehen und geschützt wird, hatte sich damals hinüber zu einer fürchterlich konsequenzreichen Satire ihrer selbst entwickelt."

Die Menschen waren selbstverliebter und selbstdarstellerischer geworden als jemals zuvor. **Die Authentizität** ging dadurch selbstredend verloren, was man sehr schön und recht simpel an alten Profilen der früheren beliebten **Social Media Plattformen, wie "Facebook", "Instagram" und Co.** klar erkennen kann.

Allesamt standen sie unter einem viel höheren gegenseitigen Konkurrenzdruck sich tagtäglich zu beweisen wie spannend, aufregend außergewöhnlich und spektakulär doch ihre Leben sind.

Hierfür wurden oftmals bewusst Fotos, Videos und dergleichen in den unterschiedlichsten Szenarien und Blickwinkeln so perfekt wie möglich "künstlich in Szene gesetzt", oder mit den unterschiedlichsten Arten "fotografischer Filter" versehen, nur um seinen Mitmenschen ein einzigartiges digitales "Schauspiel" präsentieren zu können.

Kein Wunder also, das die damals herrschende Elite ein vergleichsweise so einfaches Spiel damit hatte, die breite Masse der Bürger gefügig und kontrollierbar zu halten, schließlich waren **alle Werkzeuge, welche sie dazu benötigten bereits erfunden worden!**

Auch wenn die digitalen Welten unglaubliches positives Potenzial in sich tragen (zumindest so wie diese heutzutage von unserer Gesellschaft im Jahr 2099 genutzt werden), können sie zeitgleich auch falsch angewandt mit einer rapiden Geschwindigkeit dazu beitragen, das eine zuvor noch halbwegs harmonische Gesellschaft schließlich am Ende doch vollkommen aus den Fugen gerät!

Für die Herrschenden jener Zeiten war es letztendlich ein leichtes Spiel die noch junge und unerfahrene "frühzeitliche" "moderne" Gesellschaft vollkommen gegen sich selbst auszuspielen!

Das Maß an Informationen, welches in den Zeitungen im Radio oder insbesondere durch den Fernseher den Bürgern in Form von **"Nach"richten"** mitgeteilt wurde, galt bei dem Hauptteil der Bevölkerung als <u>indiskutables Faktum</u> und jeder der dies anzweifelte wurde als ein **"verrückter Spinner"**, **"Aluhut" bzw. "Verschwörungstheoretiker"** abgestempelt, gebrandmarkt und geächtet.

Jegliche erdenkliche Art der Lüge, egal wie scheinheilig und abstrus sie auch immer sein möge, konnte auf diese Weise massenhaft in den Hauptteil der **ungeschützten** Köpfe der geistig, größtenteils **untrainierten** Bürger eingepflanzt werden.

Die Anzahl derer, welche bereits zu jener Zeit dazu imstande waren dieses verbrecherische Spiel zu durchschauen, waren wahrscheinlich **"zunächst"** so rar

gesät, das jeder einzelne von ihnen dachte
der einzige unter allen zu sein.

Ein furchtbarer Gedankengang!

Das systematische Verbildungssystem seit
frühester Kindheit, die ununterbrochene
zeitfressende Verpflichtung der Arbeit,
sowie die geschickte Ablenkung durch
den fanatischen Drang nach materiellem
Besitztümern in Kombination mit der
Manipulation jegliche Art durch die
Medien und dem unbedachten kindlich
naiven Vertrauen der breiten
Bevölkerung, war schlussendlich eine viel
zu effektive Mischung, als das sie nicht
zum gewünschten Effekt geführt hätte!

Der Hauptteil der damaligen weltweiten Bevölkerung war erfolgreich in gehorsame Sklaven umgewandelt worden, derer die Tatsache, das sie überhaupt Sklaven waren, vollkommen abhandengekommen ist.

Die Menschheit war bereits schon längst
an einem Punkt angekommen, wo man
mit ihr machen konnte was auch immer
Banken, Großkonzerne, Lobbyisten,
Regierungen beliebte.

Die Masse schluckte und schluckte
einfach alles, ganz egal was auch immer
man ihr vor die Nase setzte und das
selbstverständlich alles unter dem
Deckmantel der "Demokratie", welche als
solche jedoch nie eine tatsächliche
Demokratie war **(zumindest nicht nach
unseren heutigen Maßstäben!).**

Stellen Sie sich doch aus heutiger Sicht
einfach einmal vor, ich würde Ihnen
sagen, dass Sie zum Beispiel alle 4 Jahre
einmal dazu berechtigt sind eine
Wahlstimme für eine Partei oder einen
Präsidentschaftskandidaten abzugeben.

Wenn ich Ihnen dann noch mitteilen
würde, das diese Wahlberechtigung das
einzige Maß an Rechten der Demokratie

ist, welche ich Ihnen als Bürger zugestehe, **würden Sie mich doch für verrückt erklären oder?**

Man könnte nun meinen, wir wären bereits am Ende unserer historischen Analyse der "alten" Gesellschaft angekommen, doch das eigentliche Highlight habe ich mir für den Schluss aufgehoben. **Die "False-Flag" Manöver!**

Sogenannte "False-Flag Manöver" waren ein sehr beliebtes, sowie vielseitig einsetzbares Mittel der Herrschenden der "alten" Zeit, um mit ihnen die vielseitigsten gewünschten Effekte zu erzielen!

"Terrorismus", "Klimawandel", sowie die Angst vor unsichtbaren "Viren" und "Bakterien" waren die beliebtesten Tools, welche sich jener Zeit im False-Flag Werkzeugkasten der herrschenden Elite befanden!

Bei diesen ausgeklügelten Manövern ging es stets einzig und allein darum, die breite Bevölkerung mit dem psychologischen Mittel der **"Angst"** noch mehr als jemals zuvor gefügig und kontrollierbar zu halten!

Wer sich ängstig, sehnt sich automatisch nach dem Gefühl von "Schutz und Geborgenheit"!
Doch die Angst beeinträchtigt auch gleichzeitig immer unseren gesunden menschlichen "Verstand"!

Und genau diese Kombination aus Angst, sowie das daraus resultierende eingeschränkte Denkvermögen, wurde früher ganz bewusst dazu genutzt, um den Menschen entweder noch mehr **"freiheitliche Rechte"** abzuerkennen oder um noch weitere Maßnahmen der gesellschaftlichen **"Totalüberwachung"** zu etablieren!

Um diese Maßnahmen Stück für Stück
zu erreichen, wurden zunächst
hauptsächlich "terroristische Anschläge"
in regelmäßigen Abständen entweder
inszeniert, selbst in Auftrag gegeben oder
wahlweise hat man auch einfach echte
terroristische Anschläge, trotz deren
Kenntnis, bewusst geschehen lassen!

Im Laufe der Zeit hatten sich dadurch
viele Einschränkungen der "freiheitlichen
Rechte", sowie ein viel erhöhteres Maß an
"Überwachung" zum angeblichen Schutz
vor "Terrorismus" in der damaligen
Gesellschaft etablieren können.

Alle weiteren Schritte hinein in ein Leben
in **"Diktatur"** wurden nach der lang
anhaltenden Phase des herrschenden
"Terrorismus" letztlich durch die Angst
des "Menschen gemachten
Klimawandels", sowie durch **das
künstliche Erzeugen schrecklicher
globaler "Pandemie"-Szenarien vollzogen.**

Letzteres sollte sich schließlich als erfolgreichste Waffe gegen die eigene Bevölkerung herausstellen!

Denn anders als noch zuvor beim "Terrorismus", welcher für den einzelnen Bürger stets in weiter Ferne zu sein schien, da er die Masse ja im Grunde nie unmittelbar selbst betraf, sondern vielmehr durch die Medien konsumiert wurde, konnte die Angst vor "unbekannten neuen Viren und Bakterien" dagegen mit einer bahnbrechenden Effizienz, einen zeitlichen "global zusammenhängenden Effekt" der gleichzeitigen "Massenangst" hervorrufen!

Das Konzept hinter dieser Idee war erfolgreich und simpel zugleich!

Dadurch, dass bei "globalen Pandemien" theoretisch jeder einzelne Bürger **"unmittelbar"** von einer Erkrankung betroffen sein konnte, wurden plötzlich sogar solche Personen von ihrer Angst und Sorge übermannt, **welche ansonsten ein gesundes Maß an menschlichem Verstand aufwiesen.**

Die schlimmste Konsequenz, welche sich jedoch für mich persönlich daraus ergab ist die Tatsache, dass sich viele Menschen jener dunklen Epoche plötzlich wieder wie in Zeiten des **Nationalsozialismus (1933-1945)** verhalten haben!

Anstelle der früheren **"Juden"** und sogenannter **"Ausländer"** wurden nun plötzlich geleitet durch die unkontrollierte Angst der Masse **Freidenker, Skeptiker, sowie Maßnahmenverweigerer** entweder denunziert, ausgegrenzt, geächtet, verraten, bedroht **(oftmals sogar durch die Polizei, welche die Herrschenden jener Zeit gerne als private Söldnerarmee einsetzten)** oder einfach ins lächerliche gezogen.

In der "Hochphase" der "alten" Zeit war es auch keine Seltenheit, dass solche dem "System" feindselig gesinnten Menschen, einfach **spurlos verschwanden!**

Die damalig noch zu kleine Minderheit an wachen Geistern war zu diesem Zeitpunkt der Geschichte einfach noch nicht stark genug!

Es sollte noch gut 40 Jahre dauern müssen bis schließlich am 11. Nov. des Jahres 2060, wie durch ein unaufhaltsames Wunder, doch noch unsere schlagartige Befreiung aus der mentalen Versklavung gelang.

In freudiger Erwartung ihrer Beurteilung verbleibe ich mit freundlichen Grüßen

Ernst Joachim Nolt   Cologne 05.11.2099

Bewertung

Abschnitt Zwei

Utopie
Besser spät als nie!

„Erleben Sie aus der Sicht von Ernst Joachim Nolt, einem angehenden "Zukunftsforscher" und Geschichtsstudenten aus dem Jahr "2020", eine tiefgründige moderne Interpretation einer gesellschaftlichen Utopie und ziehen Sie Vergleiche zu unserer heutigen Zeit."

Sehr geehrter Herr Ernst Joachim Nolt,
wir freuen uns sehr darüber Sie bei Ihrer
Zwischenprüfung im Zweig der
"modernen" Geschichte willkommen zu
heißen.

Wie uns von Ihnen bekannt ist, streben
Sie nach erfolgreichem Bestehen, eine
Laufbahn im Bereich der
"Zukunftsforschung" an.

Bitte bedenken Sie, dass diese nun
folgende Zwischenprüfung der Oberstufe
"1/3" Ihrer Gesamtqualifikation
ausmachen wird!

Bleiben Sie ruhig und gelassen, nutzen
Sie die Ihnen zu Verfügung stehende Zeit
vollkommen aus und geben Sie wie
immer Ihr bestes.

Wir wünschen Ihnen viel Erfolg!

Valerina Windford   Cologne 24.11.2020
*Stellvertretene Schulleitung

Aufgabenstellung:

Herr Nolt, bitte erläutern Sie uns auf möglichst kreative Art und Weise, wie Sie sich persönlich eine moderne gesellschaftliche Form der Utopie vorstellen.

Gehen Sie zudem stetig darauf ein, welche Schattenseiten unser heutig herrschendes System im Vergleich zu Ihrer Utopie mit sich bringt.

Ob Sie für Ihren Aufsatz unsere Welt "reseten", sich eine "zukünftige" Welt vorstellen oder aber eine "Parallelwelt" erschaffen, ist dabei ganz Ihnen selbst überlassen!

Bitte bedenken Sie, dass Sie zum erfolgreichen Bestehen Ihrer Abschlussprüfung mindestens eine Anzahl von 3.500 Wörtern in Ihrem Aufsatz genutzt haben müssen!

Ernst Joachim Nolt   Cologne 24.11.2020

Meine Abschlussarbeit

Thema: *Eine "subjektive" sinnvolle Interpretation einer gesellschaftlichen modernen Utopie.*

Gefangen im Alltag, welcher meist kaum mehr als Routine bietet, lassen sich schon fast lächerlich viele Menschen des Jahres 2020 jeden Tag aufs Neue von schätzungsweise 1% ihrer Artgenossen unterdrücken, bevormunden und beherrschen.

Im ständigen Trott der sich wiederholenden Arbeit, der privaten Verpflichtungen, sowie des massiven stumpfsinnigen Konsums jedweder Art haben die meisten Menschen ihren im Grunde natürlichen Drang zur Freiheit, wohl schon längst vergessen oder gar aufgegeben.

Kein Wunder also, das der gesellschaftliche Druck nach Status, Anerkennung und materiellen Gütern stets dort am Größten zu sein scheint, wo man die Bevölkerung hat vergessen lassen, worum es im Leben wirklich einmal ging. **Ums Leben!**

„Aus strahlenden Kindern, die das Leben verstanden, wurden schließlich Erwachsene, welche das Leben einst einmal kannten.“

Anstatt gemeinschaftlich weiterzukommen, versucht doch fast ein jeder es heutzutage auf eigenen Faust stets mit dem Kopf durch die Wand, ohne dabei nach links oder rechts zu schauen, um zu erkennen, welch gravierenden Schaden man doch während des eigenen blinden Beutezuges der Gelüste und Sehnsüchte angerichtet hat.

Wie eine unaufhaltsame Krankheit, deren Symptome sich im grenzenlosen

Ego des Menschen, sowie in Form von Gier, Geiz und Missgunst zueinander offenbart.

Dort, wo man in der Vergangenheit nur als Gemeinschaft bestehen konnte um zu überleben, bleibt heute meist nicht mehr als ein müdes Lächeln für den eigenen Nachbarn, weil dieser immer noch keinen Pool im Garten oder einen Mercedes vor der Tür stehen hat.

Doch tief in uns drin, egal ob bewusst oder unbewusst, wissen wir doch alle, dass dieses Spiel, was wir hier spielen, mehr Schein als Sein ist. Sobald wir das Haus verlassen und in die Gesellschaft hinüber treten, bleibt meist nicht mehr übrig als distanzierte Laienschauspielerei.

Der "moderne" Mensch hält sich für ach so toll, so als seien wir etwas ganz Besonderes und Einzigartiges, etwas Unzerstörbares, was auf ewig bestehen

bleiben wird und dem es stets zu
applaudieren gilt.

Jedoch fügt sich jedes einzelne
Lebewesen, abgesehen von uns
Menschen, harmonisch und sinnvoll in
das Gesamtkonstrukt ein, welches wir
"Natur" nennen.

Lediglich der Mensch, welcher sich selbst
als "Chef an der Spitze" der
Lebenspyramide betrachtet, trägt, wie bei
Chefs nun leider oftmals üblich, keinerlei
sinnvollen Beitrag für die Gesamtheit der
Natur bei, sondern fordert stets nur
Ansprüche überwältigenden Ausmaßes.

**„Alles Natürliche, Ursprüngliche und
Reine ist uns fremd geworden!"**

**„Die ganze Magie dieser Welt liegt
begraben unter Tonnen von Schrott,
Metall und Beton, hübsch angerichtet mit
zahlreichen bunten, glitzernden
Selbsttäuschungen und Illusionen!"**

Oftmals rennen wir doch unser gesamtes Leben irgendwelchen leeren, toten, bedeutungslosen Dingen hinterher, angeführt von unserem Gott der Neuzeit, welcher sich uns stets auf bedrucktem Papier zu offenbaren scheint.

Nichts ist kostbarer als Ihre und meine Lebenszeit!

Doch warum gehen wir dann so leichtfertig mit dieser um?

Warum erlauben wir es, das andere Menschen uns befehlen "45" Jahre lang für den Reichtum weniger unser aller Leben zu vergeuden?

Ist es nicht absurd lächerlich, dass der Mensch sich im Jahr "2020" tatsächlich immer noch von anderen Menschen beherrschen und bevormunden lässt?

Menschen, welche als Führungsperson oftmals völlig ungeeignet und inkompetent sind!

Menschen, welche leider viel zu oft auf Kosten der Lebenszeit der Bevölkerung, bloß ihre eigenen Interessen verfolgen und umsetzen.

„Anführer können zur entscheidenden Achillesferse einer ganzen Gruppe werden, sagt Jonathan Pruitt von der University of California in Santa Barbara.“

Alles an unserem angewandten bereits etabliertem System ist beständig nur darauf ausgelegt immer **höhere Gewinne** zu erzielen und **beständigen Wachstum** zu schaffen.

Jedem halbwegs klar denkenden Mensch sollte doch hierbei bewusst sein, das dieses Konzept ein einziger Widerspruch in sich selbst darstellt und in dieser

heutigen Form niemals tatsächlich zu
einem langfristigen Erfolg führen kann!

Nichtsdestotrotz halten wir beständig
daran fest aus Angst vor etwas Neuem.
Der Mensch liebte schon immer die
Gewohnheit, liebte das Altbekannte.

**Anstatt also für einen gemeinsamen
Neubeginn zu kämpfen, für die
menschliche Freiheit zu kämpfen,
behalten die meisten wohl stattdessen
doch lieber ihre bekannten, bereits
angewärmten Sklaven-Ketten und
gewohnten Strukturen bei.**

Schließlich hat man sich doch über all die
Jahre bereits so sehr an sie gewöhnt
gehabt!

Jeden Morgen durch den Nerv tötenden
Wecker aus dem Tiefschlaf gerissen
werden, sich hastig fertig machen, nur um
dann doch wieder quälend langsam, aber
im Hauptsache glänzenden, noch nicht

ganz abbezahlten **"BMW, VW, Audi oder Mercedes Benz"** sitzend durch den täglichen Berufsverkehr zur Arbeit zu rollen.

Schicken wir unsere eigenen unschuldigen Kinder tatsächlich für solch ein stumpfsinniges, sinnlos auf Konsum ausgerichtetes Leben, zu einer "Institution", welche sich selbst "Schule" schimpft, nur damit sie dort denselben geistigen Nonsens auswendig lernen müssen wie wir es bereits taten?

Bis sie schließlich alt genug sind, um ihr Dasein für ein System zu vergeuden, welches in ihnen nichts Weiteres als **"Konsum" und "Arbeitssklaven"** sieht?

Das Potenzial der wenigen Kinder, die wir noch haben, vergeuden wir aufgrund eines desaströs schlechten Bildungssystems, welches vielmehr an eine Art **„Betreuungssystem"** erinnert, damit die Eltern der Kinder für wenig

Geld viel arbeiten gehen können, um wiederum ein Wirtschaftssystem aufrechtzuerhalten, was längst in jeder erdenklichen Hinsicht zum Scheitern verurteilt ist!

Arbeiten> konsumieren> verbrauchen> wegwerfen.

Das ist der sich stetig wiederholende Kreislauf, welcher unser menschliches Dasein bestimmt!

Der Mensch hat sich seiner selbst das Mensch sein beraubt!

Wie ein gieriger, in seinem Wahn gefangener Drache, lassen wir uns auf "trügerische Schätze" ein und verschwenden gleichzeitig dabei unser kostbarstes Gut.

Unsere eigene "Lebenszeit"!

Gegenseitiges Verständnis, sowie Mitgefühl zueinander, sollen nun als Ausgangspunkt für mein Konzept zu einem neuen Gesellschaftssystem bilden. Grund genug also uns die einzigartige "Macht des Mitgefühls" einmal etwas genauer anzuschauen.

Der Wahn des Egoismus ist durch das Mit"GEFÜHL" auflösbar!

„Indem ich mit anderen mitempfinde und ihr Leid so zugleich zu meinem eigenen mache, wird das Leid des anderen mich dazu bewegen ihm zu helfen.“

Doch gebt Acht, "wahres" Mitgefühl ist nur dann wirklich gegeben, wenn die daraus resultierenden Taten frei von jeglichem Lob und / oder Belohnungsgedanken sind!

Die einzigartige Macht des Mitgefühls erfolgt durch das "Hineinversetzen" in die

Situation des jeweils anderen
Lebewesens.

Für den wahrhaft Mitfühlenden ist das Leid der anderen gleichwohl auch das eigene Leid.

Wer von Mitgefühl erfüllt ist, der wird niemanden mehr wehtun wollen, nachsichtig sein, verzeihen und helfen, wo er nur kann.

Wenn man anderen Menschen begegnet, sollte man sich nicht gleich irgendwelchen Vorurteilen hingeben, sondern versuchen ihren **"Schmerz", ihr "Leid", sowie ihre "Ängste" und "Nöte"** zu erkennen.

Dadurch wird man nicht nur dazu verleitet das "Negative" in ihnen wahrzunehmen, sondern man "spiegelt" sich selbst in ihnen wieder!

Der Mensch hat die einzigartige Fähigkeit
Mitgefühl mit anderen Lebewesen zu
empfinden, daher sollte es ihm auch
möglich sein, **das eigene Wesen** in "allen"
anderen zu erblicken und
demensprechend "folgerichtig" zu
handeln!

Wie Sie eventuell nun richtig vermuten,
wird die ganze Komplexität, sowie das
volle Spektrum der Macht des
Mitgefühls, von vielen Menschen in
ihrem Alltag überhaupt nicht mehr richtig
wahrgenommen.

Dieser Umstand könnte sich jedoch
schlagartig positiv verändern, wenn sie es
allesamt selbst einmal am eigenen Leib
erfahren durften!

Damit eben dies jedoch breitgefächert
geschehen könnte, müsste die gesamte
"nächste Generation" das Wesen des
Mitfühlens verstehen und verinnerlichen,
so als wäre es das Natürlichste auf dieser
Welt.

Anstatt ihnen also in "10" oder noch mehr
Jahren Schulzeit nur trockenes,
theoretisches Wissen in den Kopf zu
hämmern, von welchem sie außerhalb
der Schule kaum mehr einen
tatsächlichen Nutzen haben werden,

sollten wir die Zeit unserer Sprösslinge
viel lieber dazu nutzen, um in ihrem
Innersten ein umfassendes Verständnis
für Körper, Gefühl, Kunst, Musik, Ethik
und Moral zu bilden.

Wenn mein Kind schon so viele Jahre
Tag für Tag solch eine angebliche
"Bildungsstätte" aufsuchen muss, will ich
doch als Elternteil wenigstens die
Gewissheit haben, das es dort auch nur
solche Dinge vermittelt bekommt, die
einen tatsächlichen Mehrwert für unser
aller gesellschaftliches Zusammenleben,
und dem Leben an sich haben.

Zunächst einmal möchte ich auf die Hierarchie innerhalb meiner neuen Gesellschaft eingehen. Obwohl Gleichberechtigung in dieser ganz groß geschrieben wird, so muss dennoch dafür gesorgt werden, dass jeder seinen Platz in ihr findet.

Schließlich würde eine Maschine mit falsch angeordneten Zahnrädern, wenn überhaupt nur sehr mühselig, funktionieren. Mit einer Gesellschaft verhält sich dies nicht anders.

Wir Menschen sind nun mal nicht vollkommen identisch, und somit ist jeder von uns mit anderen Stärken, Schwächen, sowie Besonderheiten ausgestattet. Die Aufgabe eines guten Staates muss daher sein, diese Stärken und Schwächen frühzeitig zu erkennen und dementsprechend einzustufen.

Im Klartext bedeutet dies, es wird niemals möglich sein, das jeder von uns

für alle Positionen / Tätigkeiten innerhalb
der Gesellschaft von gleichem Nutzen ist.

- **Die Hüter**
- **Die Wächter**
- **Die Versorger / Unterstützer**
- **Der Nachwuchs**

Diese fünf unterschiedlichen
Tätigkeitsfelder sind ausreichend genug,
um meine utopische Gesellschaft am
Laufen zu halten.

Einfacher geht es wohl kaum!

Die Hüter:

Die "Hüter" nehmen die Führungsrolle innerhalb meiner utopischen Gesellschaft ein. Fünf Stück an der Zahl regieren gemeinschaftlich und gleichberechtigt. Seite an Seite.

Ihre Ideen und Prinzipien sind es, welche uns maßgeblich den zukünftigen Weg weisen werden. Sie qualifizieren sich für diese Position, weil sie es mehrfach unter Beweis gestellt haben, dass sie es wert sind, das man ihnen folgt und vertraut.

Im Gegensatz zu heutigen Führungspositionen erhalten die Hüter keinerlei materiellen Vorteile durch ihre Position.

Alles, was sie als Führung benötigen, um ihr Amt auszuüben, bekommen sie gestellt. Allerdings dürfen sie nichts davon tatsächlich besitzen!

Die Hüter üben ihr Amt somit nicht aus, um sich selbst persönlich zu bereichern, sondern weil es aufgrund ihrer hohen Qualifizierung ihre angeborene Pflicht ist dies zu tun.

Hüter verpflichten sich stets der gesamten Gemeinschaft und nicht irgendwelchen materiellen Gütern.

Im Grunde wollen sie ihre Macht gar nicht. Erst recht nicht, um zu herrschen, sondern viel mehr um zu bewahren.

Als Familienoberhaupt ist es ihre oberste Aufgabe streng und konsequent, aber zu jedem Moment fair zu bleiben. Das Gemeinwohl muss zu jedem Zeitpunkt ihre oberste Priorität darstellen.

Die Hüter sind stets bescheiden, geduldig, verständnisvoll und gerecht. Sie sind die Vorbilder für die gesamte Gemeinschaft und tragen somit eine immense Verantwortung auf ihren Schultern.

Der Lohn für das alles wird die Anerkennung und das Vertrauen der Gesellschaft sein. Sie opfern somit ihr eigenes Dasein, um das der Gemeinschaft zu bewahren.

Personen, welche sich für das Amt eines Hüters bewerben möchten, müssen zuvor mindestens "20 Jahre" lang die Position des "Wächters" inne gehabt haben und zudem ein Mindestalter von "45 Jahren" erreicht haben.

Dies wird zum einen erwartet, weil die Position des Hüters eine enorme geistige Reife erfordert, und zum anderen, damit die allgemeine Qualitätskontrolle der Anwerber konstant gewährleistet werden kann.

Die Wahlen für die Position der Hüter finden alle 5 Jahre statt. Dies geschieht

allerdings nur dann, wenn mindestens 55% der Bürger dies wünschen. Vom Volk aus kann zudem ein gemeinsamer Misstrauensantrag gegen einen oder mehrere Hüter gestellt werden.
Somit wäre theoretisch auch eine vorzeitige Neuwahl einer oder mehrerer Hüter durchsetzbar.

Alle Hüter, welche bereits ihr 70. Lebensjahr überschritten haben müssen ihr Amt ablegen. Auf Wunsch des Volkes kann das Alter jedoch bis zum 75. Lebensjahr angehoben werden.

Wollen die Hüter dem Volk eine neue Idee zur Verbesserung der gemeinschaftlichen Lebensumstände präsentieren, so müssen mindestens 3 von 5 Hütern diesem Vorschlag zustimmen.

Ob dies dann schließlich wirklich umgesetzt wird, entscheidet wieder das Volk. Auch in diesem Fall muss eine

klare Mehrheit von mindestens 55% dem
Vorschlag zustimme.

Einzige Ausnahme für diesen Prozess ist,
wenn sich alle 5 Hüter vollkommen einig
sind. In diesem besonderen
Fall bleibt dem Volk keine andere Wahl,
als auf die Weisheit der einstimmig
entscheidenden Hüter zu vertrauen.

Die Wächter:

Die "Wächter" besitzen theoretisch allesamt das Potential, um in die Position eines Hüters aufsteigen zu können. Letztendlich werden zwar nur die "zehn" Herausragenden von ihnen dazu qualifiziert bei den Neuwahlen anzutreten. Dies kann und darf allerdings nicht die Leistung der verbleibenden Wächter herabsetzen.

Wächter können vielerlei Tätigkeitsfelder übernehmen, je nachdem welchen persönlichen Weg ein Wächter einschlagen möchte, kann er zum Beispiel als spezifischer Berater für die Hüter als Richter oder aber auch als Lehrer für den Nachwuchs fungieren.

Das Hauptaugenmerk eines jeden Wächters sollte allerdings unabhängig von seinen persönlichen Interessen und Schwerpunkten darin verborgen liegen, ein "friedvolles und harmonisches" Zusammenleben der Bevölkerung zu gewährleisten. Wächter übernehmen somit eine vergleichbare Rolle der Polizei innerhalb meiner Utopie.

Anders als jedoch heutzutage, wo die Polizisten oftmals dazu missbraucht werden, um zusätzliche Gelder für den Staat einzunehmen, bzw. als **private "Söldner"-Armee** zu dienen, welche **"gegen" die eigene Bevölkerung** eingesetzt wird, sollen die Wächter in unserer Welt dagegen tatsächlich dem Volke dienen und allen das Gefühl vermitteln Ihr Freund und Helfer zu sein.

Jeder, der sich für das Amt eines Wächters bewerben möchten, muss zuvor mindestens "10 Jahre" lang die Position des "Versorgers" ausgeübt haben und zudem ein Mindestalter von "25" Jahren erreicht haben.

Die Versorger:

Die "Versorger" werden zusammen mit den Unterstützern den Hauptteil der Bevölkerung ausmachen.

Wer sich nicht für die Position eines Wächters qualifizieren konnte oder wollte, kann sich somit zum Beispiel als Versorger im Bereich der **"Nahrungsmittelproduktion"** seine Daseinsberechtigung innerhalb der Gesellschaft erarbeiten.

Die Position des Versorgers kann am ehesten mit der eines "Bauern" / "Landwirts" verglichen werden.

Anders als jedoch bisher in unserer heutigen Gesellschaft darf diese sehr wichtige Position des Versorgers nicht weiterhin mit einem Schatten der Nichtbeachtung überzogen werden.

Versorger verrichten die gesellschaftliche Arbeit schlechthin!

Ihr Fleiß und Schweiß wird uns allen unter anderem unser tägliches Mahl ermöglichen und somit unser Überleben absichern.

Wer dies nicht zu schätzen lernt, hat nicht begriffen, dass der Mangel von Nahrung, Werkzeug oder warme Kleidung unser aller Tod zur Folge haben würde.

"Alle Hüter und Wächter" entstammen ursprünglich aus dem Bereich der Versorger! Jeder, der sich für das Amt eines Wächters bewerben möchte, muss zuvor mindestens "10 Jahre" lang die Position des Versorgers ausgeübt haben.

Diese Regelung ist deshalb bewusst so ausgewählt damit alle Hüter und Wächter niemals vergessen, dass ihre gemeinsamen Wurzeln für immer im einfachen Volk vergraben liegen!

Kein Teil der Bevölkerung wird sich somit darauf berufen können einer **"Adelsfamilie"** oder dergleichen anzugehören, um dadurch eventuell bevorzugt zu werden.

Hätte jeder König des Mittelalters zuvor 10 Jahre als Bauer mit Bauern zusammen arbeiten und leben müssen, wären diese von ihm später sicherlich nicht so ausgebeutet und wie Dreck behandelt worden.
Davon bin ich überzeugt!

Der Anteil der "bäuerlichen" Bevölkerung betrug während des gesamten Mittelalters, mit nur unwesentlichen Schwankungen, etwa "90" Prozent!

Die Bauern gehörten zum "dritten" Stand, der die Basis für den Reichtum des "ersten und zweiten" Standes,... "Klerus und Adel", erarbeitete und für die Hauptversorgung der Bevölkerung mit Nahrungsmitteln sorgte.

Obwohl die Bauern diese gesellschaftlich enorm wichtige Aufgabe erfüllten, war ihr Ansehen selbst unglaublich niedrig.

Dieses Faktum beruhte auch auf der geringen Wertschätzung, die der körperlichen Arbeit selbst entgegengebracht wurde.

Jeder "**König**" (Hüter / Wächter) sollte daher aus dem einfachen Volk entsprungen sein, schließlich machen diese den Hauptteil der Bevölkerung aus!

Um als Versorger tätig zu werden, bedarf es "keiner" zusätzlichen Qualifikation oder einem Auswahlverfahren, da mit dem Erreichen des "15." Lebensjahres "jeder" Bürger, welcher nicht alternativ den Weg eines "Unterstützers" einschlagen möchte, "automatisch" auf dieser Position eingearbeitet wird.

Die Unterstützer:

Die "Unterstützer" bilden den -Nebenzweig- zum Stamm der Versorger: Anders als die Versorger werden sich die Unterstützer jedoch nicht allein auf die Produktion von Kleidung und Nahrungsmitteln spezialisieren, sondern vielmehr alle anderweitigen Spezialisierungen an Berufszweigen abdecken, welche sich im Laufe der Zeit als "gesellschaftlich relevant" herauskristallisieren.

Somit werden anders als in unserem Jahr 2020 jede Menge Berufszweige, welche nicht dem tatsächlichen "Allgemeinwohl" dienen restlos verbannt!

Allein nur in Deutschland existieren bereits schätzungsweise **"350"** staatlich anerkannte Ausbildungsberufe. Wenn wir dort die unterschiedlichen Fachrichtungen mit einberechnen, sind es sogar **"über 400" Berufe!**

Dies ist in meinen Augen eine abstrus
hohe Anzahl verschiedenster Tätigkeiten
und spiegelt lediglich den **Größenwahn**
unserer heutigen Zeit wieder.

Denn anstatt sich zunächst einmal auf
"das Wesentliche" zu konzentrieren, um
dann vielleicht irgendwann einmal darauf
aufzubauen, vergeuden stattdessen
Unmengen an Menschen jeden Tag aufs
Neue ihre Zeit und Energie mit Dingen,
die die Welt eigentlich nicht bräuchte.

Zumal durch den Wegfall
"gesellschaftlich unwichtiger Tätigkeiten"
wesentlich mehr Menschen übrig bleiben
würden, um alle anderen anfallenden
Arbeiten **"fairer", "ausgeglichener", sowie
"flexibler"** untereinander aufzuteilen,
sodass schließlich für Jedermann eine
"geringere" monatliche Arbeitsbelastung
anfällt!

Der Nachwuchs:

Bei der Ausbildung unserer "Kinder" ist stets voller Einsatz gefragt. Um eine gut funktionierenden gesellschaftliche Utopie "auf Dauer" aufrecht zu erhalten, bedarf es stets einer **"maximalen" Förderung, sowie Entfaltung** der jeweils nächsten Generation.

Die Schwerpunkte der Ausbildung sollten neben der allgemeinen schulischen "Grund"ausbildung" zudem dringendst in den Bereichen der **Philosophie, Ethik Kunst, (Musik), Sport (Körpergefühl), Meditation, Psychologie, sowie Geschichte liegen.**

Klassische Religionen werden in meiner Utopie als bereits ausgestorben gelten!

Ein veraltetes **"Noten"-System**, wie es bei uns heutzutage leider immer noch üblich ist, wird in Utopia bewusst vermieden werden!

Jedes einzelne Kind sollte immer individuell betrachtet werden.
Die jeweiligen **"Stärken und Schwächen"**, sowie ihre **"Interessenschwerpunkte"** müssen sich vollkommen **"natürlich" entfalten** können und so gut wie irgend möglich genutzt, sowie gefördert werden.

Es ist doch zum Beispiel wirklich sehr Unsinnig ein Kind allein nur dafür zu bestrafen, weil es in zwei Fächern sehr gut, aber dafür eventuell wiederum in vier Fächern sehr schlecht abgeschnitten hat.

Vielmehr müssen einzelne, "spezifische" Stärken, sowie Interessen "herauskristallisiert" werden, um diese schließlich noch weiter "auszubauen" und zu "fördern".

Regelmäßige **"Gruppenaufgaben"**, gepaart mit den unterschiedlichsten Kombinationen von wahrlich "freien individuellen" jungen Kindern und Jugendlichen, ermöglicht doch eine

wundervolle einzigartige Ansammlung
der unterschiedlichsten Begabungen.

Auf diese Art und Weise wird eine sehr
effektive, aber nicht gleich offensichtliche
Unterstützung der jungen
Heranwachsenden optimal gewährleistet.

Ständige **"Selbstreflexion"** innerhalb der
Gruppe, sowie die "persönliche Freiheit"
der **"individuellen Gestaltung und
Entfaltung"** des eigenen, einzigartigen
Wesens, dorthin soll der Pfad meiner
Utopie führen.

Weitere Schwerpunkte der Ausbildung
bilden zudem Elemente aus dem Bereich
der **Selbstverteidigung**, sowie der
Ernährung und Hauswirtschaft.

Außerdem wird es eine **"Philosophie der
Einheit"** geben, welche das menschliche
Bewusstsein der Bewohner Utopias
langsam, aber beständig daran gewöhnt,

die kosmische Einheit und
Verbundenheit hinter allen
Erscheinungsformen des Lebens zu
erkennen.

Digitale Medien:

Internet, Fernseher, Radio, Smartphones, Computer, Spielekonsolen, Bücher und Zeitungen werden in meiner Utopie eine ähnlich wichtige Rolle innerhalb der Gesellschaft einnehmen wie heutzutage, jedoch mit dem entscheidenden Unterschied, dass deren Bildungsauftrag gleichzeitig immer Bestand haben muss!

Es ist wichtig für meine Utopie, dass sich dessen Bewohner konstant beständig geistig weiterentwickeln wollen.

Die Macht der digitalen Medien kann ein unglaublich nützliches Werkzeug in diesem Unterfangen sein, jedoch falsch angewandt auch den gegenteiligen Effekt hervorrufen!

Jeder Mensch besitzt von Geburt an ein hohes Maß an Neugierde, Fantasie, Kreativität und Vorstellungskraft.

Diese Eigenschaften müssen im Kindesalter gefördert und im Erwachsenenalter unbedingt beibehalten werden!

Die heutige Art des Konsums an Informationen hat sich aus meiner Sicht hinüber zu einer einzigartigen Katastrophe entwickelt!

So viel positives Potenzial zerstört durch die falsch angewandte Art der Technik...

Es gibt wunderschöne Dokumentation über unseren Planeten, über die Natur und das Tierreich (sowohl im Meer als auch am Land), es gibt ausführliche, aber dennoch Einsteiger freundliche Dokumentation jeglicher Art!

Egal ob du dich für das **Universum, Philosophie, Psychologie, Hirnforschung, Physik, Chemie, Biologie, Architektur, Mathematik, Kunst, Musik, Geschichte oder Politik** interessierst, du wirst stets

das volle Spektrum an benötigten
Informationen zur freien Verfügung
gestellt bekommen.

Natürlich wird es auch weiterhin noch
Sachen geben, welche allein dem Zwecke
der alleinigen Unterhaltung dienen, der
Gebrauch von übertriebener Gewalt, Sex,
Rassismus oder sonstiger negativen
Einflüsse wird jedoch strikt untersagt!

Hierbei gilt es insbesondere die Kinder
und Jugendlichen zu schützen, welche
heutzutage meist bereits schon viel zu
früh viel zu viel geistigen Müll jedweder
Art und Weise konsumieren und sich
somit auch später einmal zu einer
geistigen Mülltonne hin entwickeln
werden.

Privatbesitz:

Das hohe Privileg, oder vielmehr gesagt die schwere Bürde des Eigentums von privaten Besitztümern, ist innerhalb meiner Utopie zur Gänze untersagt!

Hierbei spielt es auch überhaupt keine Rolle, um was es sich genau handelt, egal ob Zahnbürste, Unterhose, Smartphone, Fernseher, Fahrrad, Auto oder den zu Verfügung stehenden Wohnraum.

Jeder Mensch bekommt die Dinge, welcher er zum Leben innerhalb meiner utopischen Gesellschaft braucht "kostenlos" zur freien Verfügung gestellt, tatsächlich "besitzen" tut aber "niemand" irgendetwas!

Der in unserer heutigen Zeit anherrschende übertriebene Hype und Neid nach teuren Markensachen hat in meiner persönlichen Utopie überhaupt nichts zu suchen!

Als Gegenleistung verpflichtet sich jeder einzelne Bewohner Utopias dazu, stets dem Allgemeinwohl so lange und effektiv wie irgendwie möglich dienlich zu sein.

Im Klartext bedeutet dies, das jeder alleinstehenden Person in etwa die gleiche Größe an Wohnraum zusteht. Das allen das gleiche Auto zur Verfügung gestellt wird, sowie, abgesehen von der farblichen Komponente und kleinerer dezenter Abweichungen, die gleiche Ansammlung von Kleidung zur Auswahl steht.

Die Größe des Wohnraumes, sowie des Autos, wird hierbei wiederum von der Anzahl der Familienmitglieder bestimmt. Das eine Familie mit 3 Kindern im Verhältnis mehr Lebensraum und ein größeres Auto benötigt, sollte hierbei als vollkommen logisch und fair erachtet werden.

Die dadurch folglich benötigte Menge an klug strukturierter, sowie genormter Wohnräume wird schließlich dadurch ermöglicht, indem die Art der Bauweise innerhalb meiner Utopie hauptsächlich aus hochmodernen und ansehnlichen, kreativen Hochhäusern bestehen wird, welche sich größtenteils "Autark" selbst versorgen.

Mit Hilfe dieser Methodik lassen sich zukünftig viel mehr Menschen effektiv auf einer im Verhältnis recht kleinen (in die Höhe gebaut) Fläche umringt von herrlicher grüner Natur unterbringen.

Geburtenrate:

Es gehört wohl mit zu den privatesten
Entscheidungen im Leben eines Paares,
ob der Wunsch nach einem oder
mehrere Kinder vorhanden ist oder
nicht.

Doch auch, wenn ich mich dafür
ausspreche, die Bevölkerung meiner
Utopie nicht zu sehr zu bevormunden,
muss ich mich bei diesem heiklen Thema
dennoch klar und deutlich positionieren.

Eine Entscheidung, welche den gesamten
Planeten mitsamt seiner umfangreichen
Natur und der existierenden Bevölkerung
gleichermaßen betrifft, sollte nicht
selbstständig gefällt werden dürfen!

Vielmehr muss zunächst stets für die
jeweilige Epoche individuell analysiert
werden, wie hoch die aktuelle Zahl der
Gesamtbevölkerung ist und ob es zu
diesem Zeitpunkt bereits schon wieder
ratsam ist neue Kinder zu zeugen.

Beispiel:
Um das Jahr **1804** lebten erstmals mehr
als **1 Milliarde Menschen** auf diesem
Planeten. Ca. **7.852.663.865 Milliarden**
Menschen sind es aktuell.
(Stand 07. Dezember. 2020)

Die 2. Milliarde wurde bereits um **1928**
erreicht. Gefolgt von der **3. Milliarde** im
Jahre **1960.**

39 Jahre später hatten wir **1999** unsere
Anzahl bereits **verdoppelt** und lagen bei
6 Milliarden Erdenbürgern.

Wiederum **12 Jahre danach,** also **2011,**
wurde schließlich die **7 Milliarden**
Menschen Marke überschritten.
Das nenn ich doch mal exponentielles
Wachstum in Perfektion!

Momentan wächst die aktuelle
Weltbevölkerung **jedes Jahr** um ca.
80 Millionen das entspricht ungefähr der
Einwohnerzahl von Deutschland!

Die Vereinten Nationen erwarten **2050** etwa **9,7 Milliarden Menschen** auf dem Globus.

Für das Jahr 2100 werden bis zu 11,2 Milliarden Menschen prognostiziert.

Ruhestand:

Solange du ein Teil innerhalb der utopischen Gesellschaft sein und es auch bleiben möchtest, hast du die Verpflichtung, dich so gut wie möglich mit einzubringen. **(Menschen mit nachweislich gesundheitlichen Einschränkungen werden selbstverständlich besonders berücksichtigt!)**

Der Vorteil an meiner Utopie ist die ausgeglichene Verteilung des "monatlichen Arbeitspensums".

Dadurch, das sich der Hauptteil der Bevölkerung meiner Welt allein auf die wichtige "Grundversorgung" konzentriert und spezialisiert, steht uns ein viel höheres Maß an Arbeitskräften zur Verfügung, um eine "faire Verteilung" der anfallenden Arbeit für alle unterschiedlichen Altersgruppen zu gewährleisten.

Auch Menschen höheren Alters können
also noch leichte bis mittelschwere
Tätigkeiten ausführen, lediglich halt nur
nicht mehr so oft und so lange.

Insbesondere ältere Menschen sind
oftmals froh und dankbar darüber, dass
man ihnen trotz ihres hohen Alters und
ihrer Gebrechen immer noch das Gefühl
vermittelt, ein wichtiger Teil der
Gesellschaft zu sein.

In freudiger Erwartung ihrer Beurteilung
verbleibe ich mit freundlichen Grüßen:

Ernst Joachim Nolt   Cologne 24.11.2020

Bewertung

Schlusswort:

„Der erste, der ein Stück Land mit einem
Zaun umgab und auf den Gedanken kam
zu behaupten -Dies gehört Mir- und der
Leute fand, die einfältig genug waren,
ihm zu glauben, war der eigentliche
Begründer der bürgerlichen Gesellschaft.

Wieviele Verbrechen, Kriege,
Morde, wieviel Elend und Schrecken
wäre dem Menschengeschlecht
erspart geblieben, wenn jemand die
Pfähle ausgerissen und seinen
Mitmenschen zugerufen hätte....

.... Hütet euch, dem Betrüger
Glauben zu schenken; ihr seid verloren,
wenn ihr vergesst, dass zwar die Früchte
allen, aber die Erde niemandem gehört.“

***Jean-Jacques Rousseau**

Weitere Bücher des Autors

System / Gesellschaftskritik:

- *Reset: Der Anfang einer Neuen Welt.*
- *Die 4 Säulen des Scheiterns.*
- *SklavenLEBEN*
- *Eine Kritik des modernen Menschen.*

Verschwörungstheorien:

- *Verschwörungen: Fiktion oder Wirklichkeit?*
- *Die BRD Verschwörung.*
- *Die Rothschild & Bilderberger Verschwörung 2in1 Edition.*

Philosophie:

Philosophie für Anfänger: Band 1-4
1. *Du bist Gott!*
2. *Die Wahrnehmung der Welt.*
3. *Freiheit vom Leid.*
4. *Die hartnäckige Illusion des Ich's.*

- *Das Handbuch der Welt.*
- *Die Datenwelt Theorie.*
- *Die Datenwelt Theorie 2.0*
- *Arthur Schopenhauer: Eine "kleine" Einführung.*

- *Eine kurze Zusammenfassung des Ganzen.*
- *Die höhere Erkenntnis: Ein Weg zum besseren Verständnis der Welt.*
- *Eine kurze Zusammenfassung des Ganzen & Die höhere Erkenntnis: 2in1 Sonderedition.*

Notizen